Theorien der Psychologie anhand ausgewählter Aufgaben. Strategien der Entscheidungsfindung, Emotionstheorie, Neuroanatomie und Persönlichkeitstheorie

Lisa Richter

Bibliografische Information der Deutschen Nationalbibliothek:

Die Deutsche Nationalbibliothek verzeichnet diese Publikation in der Deutschen Nationalbibliografie; detaillierte bibliografische Daten sind im Internet über http://dnb.d-nb.de abrufbar.

ISBN: 9783346762627
Dieses Buch ist auch als E-Book erhältlich.

Druck und Bindung: Books on Demand GmbH, Norderstedt Germany
Gedruckt auf säurefreiem Papier aus verantwortungsvollen Quellen

Das vorliegende Werk wurde sorgfältig erarbeitet. Dennoch übernehmen Autoren und Verlag für die Richtigkeit von Angaben, Hinweisen, Links und Ratschlägen sowie eventuelle Druckfehler keine Haftung.

Das Buch bei GRIN: https://www.grin.com/document/1298199

International University of Applied Sciences Bad Honnef

IUBH Fernstudium

Kurs:
Psychologie

Lisa-Marie Richter

Studiengang: Soziale Arbeit B.A.

Workbookaufgabe 1:

Tina und Jan kaufen im Getränkemarkt Bier für ihre Party, können sich aber nicht über die Marke einigen. Erläutern Sie die jeweiligen Strategien der Entscheidungsfindung.

Um ihre Entscheidung zu treffen, gehen die beiden unbewusst unterschiedliche Wege. In komplexen Situationen greift der Mensch oft auf Heuristiken (Faustregeln) oder die menschliche Intuition zurück. Letztere wird als „ein müheloser, plötzlicher und automatischer Gefühlszustand oder Gedanke" (Myers 2014, S. 372) verstanden. Dadurch wird eine Situation vereinfacht, wobei die Person trotzdem das Gefühl hat, eine gute Entscheidung getroffen zu haben.

Heuristiken sind eine Art Daumenregel, um unter ungünstigen Bedingungen in Entscheidungssituationen trotzdem ein gutes Ergebnis zu erzielen (vgl. Bak 2014, S.79).

Jan wendet die Verfügbarkeitsheuristik an. Dabei werden zuletzt wahrgenommene und damit einfach zugängliche Informationen eher berücksichtigt, da sie noch besonders lebendig sind. Er lässt sich also nur von seinem positiven Gefühl leiten, welches ihm durch die Anpreisung auf den Plakaten vermittelt wurde. Er verknüpft damit positive Emotionen (vgl. Bak 2014, S.58). Dadurch ist er sich sicher, dass ihm dieses Bier auf jeden Fall schmecken wird: Die ihm in dem Moment einfallende Biersorte verknüpft er mit einer guten Wahl (vgl. ebd. S.79). Jan umgeht mit der Entscheidung für das beworbene Bier den Vergleich aller Sorten aufgrund von zum Beispiel Qualitätsmerkmalen und nimmt dafür den Nachteil in Kauf, dass ihm dieses eventuell nicht schmecken wird. Dennoch hat er ein gutes Gefühl beim Kauf, da er seine Entscheidung mit den in der Werbung benannten Vorteilen vor Tina begründen kann. Damit hat er ihr gegenüber gleichzeitig noch bessere Argumente (vgl. Schütz 2015, S.440).

Tina hat lediglich das Argument, dass es ihre Lieblingssorte ist. Sie wendet demnach die Ankerheuristik an. Tina hat irgendwann ihre Lieblingssorte entdeckt. Diese fungiert jetzt als ihr Anker und animiert sie immer wieder zum Kauf dieser einen Sorte. Die Auswahl des Biers erfolgt demnach lediglich aufgrund ihrer guten Erfahrung mit dieser Sorte. Dadurch muss sie sich nicht lange mit der Entscheidung aufhalten und weiß genau, dass ihr diese Sorte schmecken wird. Dadurch vermeidet sie negative Erfahrungen.

Der Einkauf der Lieblingssorte erfolgt quasi nebenbei, mit dem Risiko, dass sie andere Sorten, die vielleicht noch besser schmecken würden, nicht ausprobieren kann. Durch den mehrmaligen Kauf wird ihr diese Sorte bei einer großen Auswahl auch schneller auffallen, da ihre Wahrnehmung und die Identifizierung auf diese eine Sorte geschult worden sind (vgl. Schütz 2015, S.76).

Quellen

Bak, P. (2014). Werbe- und Konsumentenpsychologie. Eine Einführung. Schäffer-Poeschel Verlag, Stuttgart.

Carbon, C. (2015): Wahrnehmungspsychologie. In: Schütz, A. et al. (Hrsg): Psychologie. Eine Einführung in Ihre Grundlagen Und Anwendungsfelder. 5. Auflage, Kohlhammer Verlag, Stuttgart, S. 73-84.

Moser K./ Paul K. (2015): Wirtschaftspsychologie. In: Schütz, A. et al. (Hrsg): Psychologie. Eine Einführung in Ihre Grundlagen Und Anwendungsfelder. 5. Auflage, Kohlhammer Verlag, Stuttgart, S. 435-445.

Myers, D. (2014): Psychologie. 3. Auflage, Springer Verlag, Berlin/Heidelberg.

.

Workbookaufgabe 2:

Ein Clown bringt nicht nur andere zum Lachen, sondern löst auch bei sich selbst positive Emotionen aus. Erläutern Sie dies anhand einer selbstgewählten Emotionstheorie.

Emotionen sind ein Zusammenspiel aus körperlicher Erregung, kognitiver Bewertung und der Reaktion auf Verhaltens- oder Ausdrucksebene. Diese Gefühlszustände geschehen unbewusst, treten plötzlich auf und klingen wieder ab, ohne dass wir es merken (vgl. Schütz 2015, S.152). Die James-Lange-Theorie besagt, dass Emotionen die körperliche Reaktion auf einen emotionsinduzierten Reiz sind.

Allgemein funktioniert die Lustigkeit eines Clowns über das limbische System. Durch die Spiegelneuronen ist es dem Menschen möglich, die Emotionen von anderen nachzuvollziehen (Bellebaum/Thoma/Daum 2011, S. 134). Das bedeutet, wenn der Clown in seiner Vorführung lacht, interpretiert sein Gegenüber dies als eine Emotion der Freude. Dadurch lacht auch sein Gegenüber, was der Clown wiederum auch als Freude wahrnimmt, wodurch er bei sich selbst ebenfalls eine positive Emotion auslöst. (vgl. Tamala 2017)

Nach der James-Lange-Theorie lacht man nicht, weil man sich freut, sondern freut sich, weil man lacht. Im vorliegenden Sachverhalt bedeutet das, dass der Clown bei sich positive Emotionen auslöst, da er selbst lacht. Dafür spricht auch, dass das menschliche Bewusstsein Bewertungen von Situationen vornimmt, welche die Emotionen erst ermöglichen. Findet man ein Ereignis selbst nicht lustig, kann man sich auch nicht darüber freuen (vgl. Schütz 2015, S.158). Um den Gegenüber zum Lachen zu bringen, muss der Clown selbst überzeugend zeigen, dass er lacht. Dadurch löst er auch bei sich selbst positive Emotionen aus. Laut der James-Lange-Theorie gibt es erst eine erregende Tatsache, welche zu körperlichen Veränderungen führt. Diese Veränderungen können wir differenziert und bewusst erleben. Durch dieses bewusste Erleben entsteht die Emotion. (vgl. Universität Heidelberg 2020)

Literaturverzeichnis

Bellebaum, C./Thoma, P./Daum, I. (2011): Neuropsychologie. Springer Verlag, Wiesbaden.

Rothermund, K. (2015): Emotion. In: Schütz, A. et al. (Hrsg): Psychologie. Eine Einführung in ihre Grundlagen und Anwendungsfelder. 5. Auflage. Kohlhammer Verlag, Stuttgart, S.152-168.

Universität Heidelberg (2020): Die Theorie von James. (URL: https://www.psychologie.uni-heidelberg.de/ae/allg/lehre/wct/e/E22/E2202jam.html [letzter Zugriff: 22.05.2020])

Tamala (2017): Flow-Freude-Glück. Das Konzept der Freude in der Clown- und Humorarbeit. (URL: https://www.tamala-center.de/blog/2017/03/29/flow-freude-glueck-das-konzept-der-freude-in-der-clown-und-humorarbeit/ [letzter Zugriff: 22.05.2020]

Workbookaufgabe 3:

Blinde kompensieren den fehlenden Sehsinn u.a. durch einen verbesserten Hörsinn. Erläutern Sie, in welchen Teilen des Gehirns deshalb neuroanatomische Veränderungen zu erwarten sind.

Blinde Menschen können oftmals besser hören. In einem Experiment fand man heraus, dass Blinde die Töne in schmaleren und präziseren Bandbreiten verarbeiten als Sehende. Sie verfügen also offensichtlich über eine feinere Frequenzabstimmung. (vgl. Pro Retina 2019)

Der Grund ist in der Neuroplastizität des Gehirns zu suchen. Dies ist die Fähigkeit von Synapsen und Nervenzellen, sich an Veränderungen anzupassen. Veränderungen sind vor allem im Bereich des Okzipitallappens und des Temporallappens zu erwarten. Der Okzipitallappen wird einige Funktionen des Temporallappens mit übernehmen, da dieser Bereich für das Sehen nicht mehr benötigt wird. (vgl. Gerrig 2015, S. 97ff.) Die Sinneswahrnehmungen werden oft einzeln betrachtet, hängen eigentlich jedoch zusammen und hemmen sich gegenseitig. Wenn ein Mensch erblindet, wird das Hörzentrum nicht mehr so gehemmt. Dadurch lässt sich das bessere Hören von Blinden Menschen erklären (vgl. Lehmann 2018). In einigen Studien wurde auch herausgefunden, dass die Hirnregionen für das Sehen aktiv sind und nur anders genutzt werden. Auch konnte festgestellt werden, dass der Okzipitallappen meist mit dem Temporallappen verknüpft war und damit ein besseres Hin- und Herschicken von Informationen ermöglicht (vgl. Kind 2020). Dies lässt wieder den Rückschluss zu, dass das Sehzentrum die Funktionen vom Hörzentrum mit übernimmt. Das Gehirn passt sich demnach an die veränderte Situation an und sucht sich neue Aufgaben. Dies wird **kreuzmodale Plastizität** genannt (vgl. Lehmann 2018).

Dabei kommt es aber auch darauf an, in welchem Alter der Mensch erblindet. Findet die Erblindung schon sehr frühzeitig statt oder besteht sie bereits von Geburt an, wird sich das Gehirn ganz anders entwickeln als bei Menschen, die erst später erblinden. Dort würden dann nur wenige Veränderungen stattfinden. Auch fällt es den spät Erblindenden schwerer, den fehlenden Sehsinn zu kompensieren, da diese Veränderungen nur langsam geschehen. Dennoch verdrahtet sich auch dort das Gehirn neu, sodass die Späterblindenden die fehlende Sehfähigkeit mit besserem Hören kompensieren können (vgl. Esanum 2017).

Quellen

Esanum (2017): Das seh' ich anders. Wie Blinde fehlendes Augenlicht kompensieren. (URL: https://www.esanum.de/today/posts/das-seh-ich-anders-wie-blinde-fehlendes-augenlicht-kompensieren [letzter Zugriff: 19.05.2020])

Gerrig, R. (2015): Psychologie. Begründet von Philip Zimbardo. 20. Auflage, Pearson, Hallbergmoos.

Kind (2020): Blinde hören besser. Gutes Hören ist besonders wichtig. (URL: https://www.kind.com/de-de/magazin/so-hoeren-wir/blinde-hoeren-besser/ [letzter Zugriff: 15.05.2020])

Lehmann, K. (2018): Ruhe! Ich seh' nichts.(URL: https://www.heise.de/tp/features/Ruhe-Ich-seh-nichts-3963515.html [letzter Zugriff: 19.05.2020])

Pro Retina (2019): Hirnforschung. Blinde Menschen hören präziser - Studie zeigt Hintergründe. (URL: https://www.pro-retina.de/newsletter/2019/hirnforschung-blinde-menschen-hoeren-praeziser-studie-zeigt-hintergruende [letzter Zugriff: 18.05.2020])

Workbookaufgabe 4:

Erläutern Sie, warum es sinnvoll ist, bei Bewerbungen ein möglichst attraktives Foto mitzuschicken.

Der erste Eindruck bei einer Bewerbung ist sehr wichtig. Ein Foto an die Bewerbung anzuhängen ist schon sinnvoll, um Aufmerksamkeit zu erzeugen. Ohne dieses Foto würde die Bewerbung ganz nach unten auf dem Stapel verschwinden. Außerdem sagt ein Bild bekanntlich mehr aus als tausend Worte und wird als erster Bewertungsmaßstab herangezogen (vgl. Sutoris 2019). Ein möglichst attraktives Foto mitzuschicken hat aber noch andere Vorteile. Attraktiven Menschen werden meist gesellschaftlich erwünschte Eigenschaften zugeschrieben. Enthält die Bewerbungsmappe ein attraktives Foto, wird man eher zu einem Gespräch eingeladen, als bei Vorlage einer Mappe ohne oder mit einem weniger attraktiven Foto (vgl. Frech/Karsten 2018, S.145). Ein attraktives Foto weckt Sympathien. Damit wird die Bewerbung positiver wahrgenommen und erhält auch mehr Aufmerksamkeit. Weiterhin wird dem Bewerber damit eine gewisse Intelligenz, Kompetenz, Geselligkeit, Dominanz und mentale Gesundheit zugeschrieben (Werth/Mayer 2008, S. 121ff.) Studien haben zudem ergeben, dass Bewerber mit einem attraktiven Foto unabhängig von ihren Qualifikationen besser bewertet werden. (vgl. ebd. S.130ff.) Dadurch, dass attraktiven Menschen mehr Respekt erbracht und mehr Vertrauen geschenkt wird, ist es ihnen möglich, schneller soziale Kontakte zu knüpfen (vgl. Frech/Kasten 2018, S.145). Daher ist es in Berufen, in denen Teamwork erforderlich oder viel Kundenkontakt nötig ist, besonders wichtig, ein attraktives Foto beizufügen.

Ein Foto wirkt vor allem attraktiv, wenn man sich dabei nicht verstellt, sondern sich so präsentiert, wie man ist. Daher sollte auf einem Bewerbungsfoto kein künstliches Lächeln aufgesetzt werden. Bestenfalls kommt auf dem Bild die Freude auf den zukünftigen Job in einem echten Lächeln rüber. Damit strahlt man die Sympathie und Kompetenz aus, die es benötigt. Weiterhin sollte der Bewerber direkt in die Kamera sehen, um dem Leser das Gefühl zu geben, er werde direkt angesehen. Dadurch wird Offenheit und Ehrlichkeit vermittelt. (vgl. Sutoris 2019, S.12) Der Bewerber sollte darauf achten, auf dem Foto nicht zu sehr von der Realität abzuweichen. Dies kann zu großer Verwirrung beim Vorstellungsgespräch führen. Außerdem werden sehr auffälligen Fotos eher negative Eigenschaften wie Eitelkeit und Selbstüberschätzung zugeschrieben (vgl. Frech/Kasten 2018, S.148)

Quellen

Frech, L./Kasten E. (2018): Attraktivität und ihre Auswirkung in der Personalauswahl. In: Kosmetische Medizin, Vol. 39, Issue 4, S.145-148.

Mayer, J./ Werth, L. (2008): Sozialpsychologie. Spektrum, Berlin.

Sutoris, M. (2019): Der Bewerbungs-Coach Von der Uni in den Job. Infos und Tipps für die perfekte Bewerbung und das erfolgreiche Vorstellungsgespräch. Springer Verlag, Köln.

Workbookaufgabe 5:

Erklären Sie vor dem Hintergrund einer Persönlichkeitstheorie, warum es sinnvoll ist, dass Jugendliche ein gutes Selbstwertgefühl entwickeln.

In der humanistischen Persönlichkeitstheorie steht das Selbstbild für die eigene Persönlichkeit im Mittelpunkt. Dadurch ist es der Person möglich, sich als sich selbst zu fühlen - allerdings nur, wenn das Selbstbild mit dem Idealbild übereinstimmt. In dieser Theorie geht man außerdem davon aus, dass die Persönlichkeit durch Erfahrungen verändert werden kann. (vgl. Myers 2014, S. 565ff.)

In der modernen Psychologie geht es ebenfalls um das Selbst. Dieses bestimmt das Selbstbild und wie man sich selber wahrnimmt, fühlt und bewertet. Diese Bewertungen können positiv und auch negativ sein und werden im Selbstwertgefühl des Menschen zusammengefasst. Die Ausprägung ist bei jedem Menschen unterschiedlich. Sie ist zum einen vererbt, kann aber zum anderen, wie in der humanistischen Persönlichkeitstheorie beschrieben, auch durch Umwelteinflüsse verändert werden.

Wenn Jugendliche sich oft mit anderen vergleichen, sich danach weniger wert fühlen, sie schnell aufgeben oder sich nicht viel zutrauen, liegt das meist am mangelnden Selbstbewusstsein. Jugendliche sollten ein gutes Selbstwertgefühl entwickeln, da es sonst zu Verhaltensstörungen in Form von aggressivem und antisozialem Verhalten kommen kann. Auch widmen sich Jugendliche mit einem geringen Selbstwertgefühl eher dem Konsum von Drogen und Alkohol als Jugendliche mit gutem Selbstwertgefühl. Durch den Konsum von Drogen und Alkohol steigern sie ihre Anerkennung in der Gruppe und damit vermeintlich ihr Selbstwertgefühl. Weiterhin kommt es vor allem bei jungen Mädchen mit geringem Selbstwertgefühl häufig zu Essstörungen. Meist finden diese Jugendlichen dann ihre Anerkennung in Sekten oder gewaltverherrlichenden Gruppierungen, um ihr Kontaktbedürfnis zu stillen und damit ihr Selbstwertgefühl zu erhöhen. (vgl. Gedankenwelt 2017). Auch kann es bei einem geringen Selbstwertgefühl im Jugendalter oder später im Erwachsenenalter zu einer schlechteren körperlichen und mentalen Gesundheit kommen. Meist haben solche Menschen auch finanzielle Schwierigkeiten. Das Selbstwertgefühl ist demnach für die Bewältigung von negativen Lebensereignissen und dem Setzen von Zielen, um positive Ergebnisse zu erzielen, immens wichtig (vgl. Gerrig 2015, S. 533).

Jugendlichen sollte daher beim Aufbau des Selbstbewusstseins geholfen werden. Vor allem sollte sich der Jugendliche über seine Ziele bewusst werden und einschätzen, ob diese realistisch sind und überhaupt erfüllt werden können. Sind die Ziele zu hoch gegriffen, wird er sich selbst ständig als unfähig wahrnehmen.

Außerdem sollten Jugendliche lernen, mit Misserfolgen umzugehen und dabei Punkte hervorheben, die trotz Misserfolg gut waren. Gleichzeitig sollte nach Ursachen für den Misserfolg gesucht werden, um beim nächsten Mal mehr Erfolg zu haben. Dadurch wird Selbstvertrauen erlernt. (vgl. Familienleben)

Quellen

Familienleben (o. J.): Selbstbewusst durchs Leben. So verhelfen Sie Teenagern zu mehr Selbstvertrauen. (URL: https://www.familienleben.ch/kind/jugendliche/jugendliches-selbstbewusstsein-staerken-so-koennen-eltern-ihr-kind-unterstuetzen-5184 [letzter Zugriff: 20.05.2020])

Gedankenwelt (2017): Das Selbstwertgefühl von Jugendlichen stärken. Eine Herausforderung für Eltern (URL: https://gedankenwelt.de/das-selbstwertgefuehl-von-jugendlichen-staerken-eine-herausforderung-fuer-eltern/ [letzter Zugriff: 20.05.2020)])

Gerrig, R. (2015): Psychologie. Begründet von Philip Zimbardo. 20. Auflage, Pearson, Hallbergmoos.

Myers, D. (2014): Psychologie. 3. Auflage, Springer, Berlin/Heidelberg.

Workbookaufgabe 6:

Sie fahren mit dem vollen Linienbus durch eine Stadt. Was spricht dagegen, alle Businsassen als "Gruppe" zu bezeichnen?

Mitglieder einer Gruppe haben entweder gemeinsame Ziele oder Interessen und sind dadurch miteinander verbunden. Weiterhin haben sie die Möglichkeit, miteinander zu interagieren. Eine Gruppe ist für einen längeren Zeitraum zusammen, um gemeinsame Ziele und Interessen zu erreichen. (vgl. Werth/Mayer 2008, S. 335f.) Die Businsassen im oben genannten Beispiel können nicht als Gruppe bezeichnet werden, da sie vermutlich nicht alle dieselben Interessen haben und dadurch kein Wir-Gefühl aufweisen. Weiterhin steigen in dem Bus ständig Leute aus und ein, generell findet die Fahrt im Bus nur für einen bestimmten, festgelegten Zeitraum statt, sodass die zeitliche Stabilität einer Gruppe nicht gegeben ist.

Gruppen bringen ihren Mitgliedern gewisse Vorteile, um beispielsweise etwas zu erreichen, was einem Einzelnen nicht gelingen kann. Zudem stillen sie das Bedürfnis nach Schutz und Sicherheit. Das Kontaktbedürfnis wird gestillt und das eigene Selbstwertgefühl durch die Zugehörigkeit in der Gruppe erhöht. Auch dieser Punkt ist bei der Fahrt mit einem Bus nicht gegeben: Personen haben zwar Kontakt mit anderen, jedoch nur für einen kurzen Zeitraum und meistens erzwungen. Daher dient diese Zusammenkunft im Bus weder der Erhöhung des Selbstwertgefühls noch der Identitätsfindung. (vgl. Werth/Mayer 2008, S. 336ff) Gruppen bilden sich oft durch Sympathie, welche durch Vertrautheit und Ähnlichkeit entstehen kann. Im Bus ist es zwar möglich, dass sich zwei oder mehr Leute auf Anhieb sympathisch finden, dennoch kann noch nicht von einer Gruppe gesprochen werden, da die anderen Kriterien nicht erfüllt sind und sich dies dann auch nur auf einzelne Personen und nicht auf alle Fahrgäste im Bus beziehen würde. (vgl. Werth/Mayer 2008, S. 338f.)

In Gruppen werden soziale Normen festgelegt, um das Verhalten der Gruppenmitglieder und die Übereinstimmung der Gruppenziele zu regeln. Im Bus gibt es zwar Regeln für das Verhalten, diese wurden aber nicht von den Businsassen festgelegt und dienen auch nur dem Ziel, allen Insassen eine angenehme Fahrt zu ermöglichen.

Die Gruppe benötigt Zeit, um sich und verschiedene Strukturen wie Rollen, Status und Kohäsion herauszubilden. Das Finden der Mitglieder und das Festlegen der Basis sowie der Aufgaben kann nicht innerhalb der Dauer einer Busfahrt geschehen. Die Gruppenentwicklung verläuft in mehreren Phasen.

Zuerst erfolgt das Kennenlernen, danach eine Auseinandersetzung sowie die Konfliktbewältigung. Anschließend werden die Ziele vereinbart und festgelegt. Darauf folgt die Zusammenarbeit der Gruppenmitglieder, um die Ziele zu erreichen. Zum Schluss erfolgt eine Veränderung. (vgl. Stahl 2012, S. 68ff.) Um aus den Businsassen eine Gruppe zu formen, ist die Dauer einer Busfahrt im Hinblick auf das Durchlaufen dieser fünf Phasen zu knapp.

Quellen

Mayer, J./ Werth, L. (2008): Sozialpsychologie. Spektrum, Berlin.

Stahl, E. (2012): Dynamik in Gruppen: Handbuch der Gruppenleitung. 3. Auflage, Beltz, Weinheim.